QUELLE FUT DONC,

EN GÉNÉRAL,

DEPUIS PLUS DE VINGT ANS,

L'OPINION

DES VRAIS FRANÇAIS?

CET OUVRACE SE TROUVE

CHEZ
{
BLANCHARD, Libraire, passage Montesquieu ;
J. G. DENTU, Libraire, Palais - Royal, galeries de bois, nᵒˢ 265 et 266 ;
DUPONCET, Libraire, quai de la Grève, nᵒ 20 ;
DELAUNAY, Libraire, Palais-Royal, galeries de bois ;
LENORMANT, rue de Seine, nᵒ 8.
}

QUELLE FUT DONC,

EN GÉNERAL,

DEPUIS PLUS DE VINGT ANS,

L'OPINION

DES VRAIS FRANÇAIS?

L'opinion est la reine du monde.

PARIS,

DE L'IMPRIMERIE DE J. G. DENTU,

Rue du Pont de Lodi, n° 3, près le Pont-Neuf.

1814.

AVIS PRÉLIMINAIRE.

Encore un nouveau livre! Eh! que dire sur les évènemens passés? Des milliers de brochures plus ou moins volumineuses n'ont-elles pas épuisé la matière? Toutes les opinions n'ont-elles pas été combattues par ceux qui observent et qui raisonnent? et n'est-ce pas une témérité de vouloir traiter de l'opinion générale des Français?

Telles sont, sans doute, les questions qui nous seront faites; mais quand nous nous plaisons à raconter ce que nous avons vu, et peindre le sentiment qui nous anime; quand nous cherchons à prouver que les peuples sont souvent trompés par ceux qui les caressent et qui paraissent les chérir, nous blâmerait-on de présenter des faits qui doivent non-seulement occuper l'attention des Français, mais qui doivent encore fixer invariablement la route que chacun doit tenir après vingt-cinq ans d'inquiétudes et de tourmens ?

Heureux si notre zèle est reconnu dans la pureté de nos intentions, et plus heureux encore si nous méritons le suffrage de ceux qui voudront nous lire !

LECOMTE.

UNE IDÉE

DE L'OPINION (1).

VINGT-CINQ ans sont écoulés depuis le 14 juillet 1789. Que de vicissitudes auxquelles la France a été exposée ! que de sermens les Français ont été obligés de prêter ! que de désirs et de vœux ont été ensevelis dans l'ame de ceux qui étaient nés et qui avaient vécu sous les lois d'une monarchie sans tache et sous l'autorité de princes justement aimés !

Mais le serment qui, je crois, affecta douloureusement la grande majorité des Français, est celui de *haine à la royauté* (2).

A cette époque, j'habitais Versailles, et je n'ai pas oublié la fermentation que ce serment causa dans la troisième section de cette ville ; je me souviens encore que l'évêque constitutionnel du département (M. Avoine.), eut le courage de dire : *Messieurs, prenez garde à ce que vous allez faire ; vous proscrivez un*

---

(1) En disant un mot sur l'opinion, nous entendons parler en général, et nous déclarons que nous n'avons aucune intention d'attaquer l'opinion personnelle de qui que ce soit.

(2) Serment prêté après le 10 août 1792.

Roi pour vous mettre sous la dépendance de douze cents. Je ne crains pas d'avancer ici que si cette observation fut accueillie par quelques murmures, elle fut néanmoins applaudie par la très-grande majorité des membres de l'assemblée.

J'étais à Metz le 21 janvier 1793 ; il me serait difficile de peindre la tristesse des habitans de cette ville, lorsque, le 23 de ce mois, le courrier de Paris arriva et apporta la nouvelle de l'attentat exécuté le 21 sur le vertueux Monarque qui eut tant de droits à l'amour respectueux des Français.

Témoin de la douleur des habitans de Metz, et que je partageais dans le fond de mon ame, j'observai le morne silence qui était peint sur toutes les figures des personnes que je rencontrais, et il ne me fut pas difficile de juger l'*opinion* qu'on avait des hommes coupables du crime de régicide qui affligeait la presque totalité des Français. Enfin, au sein des armées, j'ai eu souvent l'occasion de remarquer le simulacre du républicanisme de ceux dont le cœur était entièrement dévoué à la royauté (1).

---

(1) Un fait que je n'ai pas oublié, c'est d'avoir vu un homme, distingué par sa place et ses vertus person-

Je quittai l'armée en 1797 ; en arrivant à Paris, je m'occupai d'une réunion de pièces historiques que j'avais recueillies avec soin, et je formai trois volumes qui furent lus avec un certain intérêt (1). C'est dans cet ouvrage, imprimé dans un temps où on n'osait prononcer le nom des *Bourbons*, qu'il est possible de voir *l'opinion* et la haute vénération de l'auteur pour les membres de cette illustre famille.

Pendant l'interrègne, la France s'arma pour son indépendance, et elle triompha de ses nombreux ennemis, qui long-temps ont paru n'être armés que pour diviser le royaume. *L'opinion*, à cet égard, était générale, et on la croyait d'autant mieux fondée, que l'on avait sous les yeux le partage de la Pologne ; mais on crut la chose plus réelle encore quand on vit plusieurs membres de la coalition qui abandonnèrent la cause générale, et qui reconnurent la république française (2).

---

nelles, acheter fort cher la collection des portraits de la famille des Bourbons. (M. P*** fit cette acquisition au sein de l'Allemagne, quand des commissaires du comité sanglant de *salut public* étaient à la suite des armées !)

(1) *Mémorial impartial et anecdotique de la Révolution de France,* 3 vol. in-12, chez Duponcet.

(2) Les rois de Prusse et d'Espagne.

Depuis 1792 jusqu'en 1798 , la France n'a-
vait cessé d'être victorieuse.

Tandis que des factieux la déchiraient, dans
l'intérieur, des milliers de braves en défen-
daient les frontières , et avaient porté leurs
conquêtes chez les nations voisines ; mais
tout-à-coup la fortune sembla abandonner la
France.

Un gouvernement faible, dirigé par l'intri-
gue , avait placé le sort des armées dans les
mains d'hommes ineptes ou de mauvaise foi.
Bientôt l'armée d'Italie tomba dans un dénû-
ment affreux ; elle fut obligé de lutter contre
des forces bien supérieures. Un officier général distingué (1) fut chargé du commande-
ment en chef, mais sa mort prématurée , au
champ de bataille de *Novi* (le 15 août 1799),
fut le signal du désordre et celui de la défaite
de l'armée française. De là , on vit détruire
un Etat qui venait de prendre naissance au
sein de l'Italie ; de là, on vit les frontières de
France menacées et envahies; de là, *l'opinion*
générale fut que le territoire français allait
être partagé, et que les peuples devaient nécessairement tomber sous la puissance des
vainqueurs.

---

(1) Le général Joubert.

Dans cet état de choses, un homme déjà connu par de brillans exploits sur les rives du *Pô* et de l'*Adige,* dans les plaines de *Castiglione* et d'*Arcole,* et presque relégué en Egypte, parut comme un prodige au port de Fréjus. L'état d'anxiété où se trouvait la France, le mécontentement général du peuple français, sous un gouvernement sans force par lui-même, qui n'avait acquis aucune considération au-dehors, et qui ne jouissait d'aucun respect dans l'intérieur, fit naître le désir d'accueillir celui qui paraissait apporter le bonheur en France, en prenant les rênes de l'Etat, et l'*opinion* était d'autant mieux en sa faveur, que, dans toutes les classes de la société, on se disait à l'oreille : *Quand il aura rétabli l'ordre en France, il doit replacer sur le trône l'héritier légitime du Monarque qui fut immolé si inhumainement.*

Mais, hélas ! à quelles épreuves sont exposés les peuples ! Ont-ils, pour les gouverner, un prince doux et bienfaisant, des factieux l'arrachent du trône pour s'emparer du pouvoir suprême, et bientôt, au nom de la liberté, ils oppriment et tyrannisent ceux qui ont été assez faibles et assez crédules pour les reconnaître chefs du pouvoir.

Un homme d'un caractère audacieux sort-il

des rangs de la multitude pour commander à ses semblables, on le voit bientôt enivré du pouvoir, et entouré de flatteurs qui l'enhardissent dans ses projets, qui le secondent dans ses vues ambitieuses, qui lui accordent autant d'hommes et autant d'impôts qu'il en désire; et ce, toujours dans leur intérêt personnel et dans l'espoir d'être élevés eux-mêmes aux premières dignités de l'Etat : mais, leur idole éprouve-t-elle des revers de fortune, ils l'abandonnent avec autant d'empressement qu'ils en ont mis à s'agenouiller devant elle. Ainsi, ces courtisans n'aiment donc ni le souverain dont ils se font gloire d'être les sujets, ni les peuples dont ils s'honorent d'être les mandataires : mais, sans égard pour des hommes de cette espèce, et sans vouloir mettre à prix le degré de confiance que le chef de l'Etat peut et doit avoir en eux, suivons le cours des évènemens.

Buonaparte, premier consul de France, annonça les intentions les plus pacifiques, en rappelant au sein de la patrie plusieurs milliers de Français *fructidorisés,* et victimes de la tyrannie : il sembla promettre davantage, en relevant les autels, et en améliorant le sort de leurs ministres. Il parut de bonne foi, en proposant la paix aux puissances coalisées;

et il paraît constant qu'il ne put l'obtenir sans la conquérir (1).

Ce fut alors que les succès militaires furent admirés par les vrais Français qui craignaient l'invasion et le partage de leur patrie; et l'Europe, qui en 1801 était armée contre la France, fut tout-à-coup pacifiée par un rapprochement entre la France et l'Angleterre, et par un traité définitif signé à Amiens le 29 mars 1802.

Mais quel fut donc l'esprit de vertige qui rompit un traité aussi solemnel que celui d'Amiens? Faibles mortels que nous sommes! nous appartient-il de chercher à deviner le secret des cabinets!!! Non, sans doute : cependant, si nous lisons le traité, si nous fixons nos regards sur l'époque où Malthe devait être rendu à l'ordre de Saint-Jean-de-Jérusalem, si nous entrons dans les détails de la discussion entre *M. Ball*, ministre anglais, et *M. de Buzy*, lorsque celui-ci fut prendre possesion de Malthe au nom du grand prieur (M. de Thomasi), à la fin de février 1802; si nous examinons la réponse du lord Wittworth, ambassadeur anglais près la cour de France, le 4 mars 1803; si, enfin, nous lisons les détails

---

(1) A cette époque, le gouvernement anglais répondit *Que le gouvernement français n'offrait pas une garantie suffisante pour que l'on pût traiter avec lui.*

de la séance du parlement d'Angleterre , et le discours du duc de Clarence, le 23 mai 1803, nous serons tentés de croire que le cabinet de Londres voulant (1) garder Malthe, et que celui des Thuileries annonçant des dispositions de dominer l'Europe, il était difficile de conserver la paix maritime. Quels que furent les motifs de la rupture du traité d'Amiens, le fait est que, de cette époque, date la reprise des hostilités chez toutes les puissances; car, depuis ce fatal évènement, qu'avons-nous vu? Des projets gigantesques; des actes arbitraires; un génie dominateur; des rivalités d'autorité; *des ordres du conseil d'Angleterre; des décrets de Berlin et de Milan;* des marchandises précieuses livrées aux flammes; la destruction du commerce; des haines personnelles devenues nationales; des combats sanglans; des traités de paix rédigés sur les champs de bataille; des trônes renversés et des particuliers élevés à la dignité de souverain; en un mot, qu'avons-nous vu? des hauts-faits d'armes, et le malheur de tous les peuples de l'Europe.

Dans cet état de choses, quelle était l'*opinion* des Français? On ne peut se le dissimuler, elle était bien partagée.

____

(1) Nonobstant le traité.

Ceux qui, par leur place, poûvaient mettre des bornes à l'ambition du chef de l'Etat, craignaient la perte de leurs emplois ou dignités, et n'osaient lui rien refuser ; comme lui, oubliant leur état primitif, ils dédaignaient les intérêts de ceux qui, par leur courage et leur vœu, les avaient élevé aux premières dignités ; d'autres, dépositaires et conservateurs de la charte constitutionnelle, l'ont laissé déchirer par morceaux, et ont tellement comprimé la volonté nationale, qu'ils ont laissé l'autorité arbitraire exécuter la loi qu'elle-même avait dicté au Sénat : d'autres hommes enfin, aspirant à des grades ou dignités militaires, trouvaient agréable de courir les chances de la guerre plutôt pour leur gloire personnelle que pour le bonheur de la patrie : mais les hommes sages, soit dans le civil, soit dans le militaire, pensaient que l'honneur national était suffisamment établi et connu. En effet, plus de vingt ans de combats dans lesquels les Français sont presque toujours sortis victorieux, ne prouvent-ils pas à l'Europe ce que peut la nation française ? Eh ! pourquoi tous les sacrifices qu'elle a fait depuis plusieurs années, et qu'elle pouvait faire encore ? pour soutenir un échafaudage de puissance qui devait nécessairement écrouler au moment de la chute de celui qui l'avait élevé ! Mais il semble que Buonaparte ait voulu que l'édifice écroulât sous ses yeux ; et , pour atteindre ce but, il commença par dominer tous les souverains et les peuples de l'Europe , il créa des impôts vexatoires , il arracha du sein des familles des jeunes gens qui n'avaient ni le goût ni la volonté militaire, il accusa et opprima, par des amendes, des parens étrangers à la désertion de leurs enfans ; il força des milliers d'hommes à prendre du service quand , à prix d'argent, sa propre loi les en avait exempté ; enfin, il diminua les bras destinés à l'agriculture, au commerce et aux arts : en fallut-il davantage pour aliéner tous les esprits contre lui ? C'est cependant ce que fit celui qui a gouverné la France pendant *quinze ans, quatre mois et vingt-trois jours* (1). Quoi ! la loi permet à un père de famille de sacrifier sa fortune pour sauver son enfant des calamités de la guerre, et quand c'est le seul bien qui lui reste, on le lui arrache sous divers prétextes et sous divers moyens ! Convenons, de bonne foi, que des actes de cette nature sont rares dans toute espèce de gouvernement.

Cependant , malgré tous ces actes arbi-

____

(1) Depuis le 18 brumaire an VIII (9 novembre 1799) jusqu'au 2 avril 1814.

traires, le vrai Français craignait encore le renversement du gouvernement : nourri à l'expérience du malheur qui a pesé sur la France depuis le 10 août 1792, voyant des SOUVERAINS aigris par les nombreuses vexations exercées tant contre eux que contre leurs sujets, le vrai Français, dis-je, n'avait-il pas lieu de craindre le démembrement de sa patrie, et la douleur d'être gouverné par un prince étranger ? Or, dans ce cas, n'était-il pas fondé à désirer la paix entre les puissances coalisées et celui même qui avait déjà figuré comme principal pacificateur à *Lunéville*, *à Amiens*, *à Presbourg*, *à Tilsitt* et *à Vienne* ?

En vain chercheront à me persuader les plus zélés courtisans du jour, que, sous la puissance de Buonaparte, ils faisaient des vœux pour le retour des Bourbons sur le trône de leurs pères. L'image de ces illustres fugitifs, placée dans le lointain, n'était aperçue que par quelques zélés partisans, et qui craignaient encore la présence des Bourbons sur le territoire français, autant pour la sûreté même des princes que pour leur tranquillité et leur bonheur. Mais la Providence a tout prévu ; elle a calmé toutes les inquiétudes et ranimé toutes les espérances, et certainement tout homme raisonnable doit préférer le gouvernement naturel des Bourbons à celui d'un autre Prince, quel qu'il soit.

Mais, quel est l'auteur primitif d'un changement aussi heureux ? Buonaparte lui-même. Mû par de fortes passions, il ne voulut mettre aucune limite à son ambition ; il ne sut rien faire qui fût agréable ni à ses voisins, ni à ses alliés, ni même à la puissance à laquelle il était uni par les liens du sang. Dirigé par une haine implacable contre le cabinet de Londres, et par un esprit dominateur qui réglait toutes ses actions, il remua toute l'Europe ; il voulut asservir à ses lois, ses alliés et leurs sujets ; trouvant résistance à l'oppression, il devint perfide envers la cour d'Espagne, cruel envers celle de Rome, et despote envers ses peuples. Ce fut alors qu'il fut obligé d'employer de grands moyens pour mettre l'univers sous sa domination ; par cette tactique, il ouvrit les yeux des souverains de l'Europe, qui, à leur tour, employèrent toutes leurs ressources pour détruire sa puissance.

Si nous consultons l'*opinion* des hommes sages, ils nous diront que deux fois Buonaparte a trouvé l'occasion de s'illustrer aux yeux de la postérité ;

1° Lorsqu'en 1799 il tira le peuple français des mains de l'anarchie ;

2° Lorsqu'en 1802 il fit la paix avec toutes les puissances de l'Europe. Et l'homme sage dira encore que Buonaparte se fût immortalisé, si, après avoir pacifié l'Europe, il eût rendu le trône de France à son souverain légitime.

Telle fut constamment notre *opinion* personnelle, et cependant nous ne nous mettrons pas dans la classe de ces hommes qui, aujourd'hui, ne cessent de proclamer ou de récriminer pour chercher à prouver ce qu'ils ont fait ou voulu faire pour maintenir ou ramener la famille des Bourbons sur le trône de France. Nous dirons avec *franchise* que, faibles mortels, sans moyens, sans autorité et sans force, nous n'avons pu que gémir sur la journée du 10 août 1792; pleurer sur celle du 21 janvier 1793, et que tout en soupirant pour le retour des princes si justement aimés, nous avons cru, pendant de longues années, qu'un homme sorti de l'obscurité, et élevé à la première dignité, mettrait toute sa gloire a rendre la France triomphante et heureuse, au prince qui devait réellement régner.

Dans cette persuasion, nous avons proclamé quelquefois les faits d'armes de celui qui paraissait n'avoir en vue que le bonheur et la gloire de la France, parce que, en vrai Français, nous croyons avoir la certitude que notre patrie ne serait ni envahie ni partagée par l'étranger ; mais le temps et les circonstances nous ont prouvé que Buonaparte n'a jamais travaillé que pour lui-même ; et les dernières années de son gouvernement nous ont prouvé qu'il sacrifiait tout à son ambition et à son despotisme absolu.

En effet, Buonaparte trop puissant abusa d'abord de la loyauté du peuple français, qui lui donna tout ce qu'il demanda ; il trompa ses alliés par une politique astucieuse, qu'on ne peut soutenir que par la force des armes ; il s'aliéna le cœur d'une grande partie de ses soldats par le peu de soins qu'il prit des hôpitaux militaires (1); il perdit l'amitié d'un grand prince qui, à Erfurt, lui avait promis de bonne foi d'*être uni avec lui pour la guerre et pour la paix* (2) ; il troubla le repos d'une épouse vertueuse qu'il contraignit d'étouffer le sentiment de la nature pour respecter le lien conjugal ; enfin, n'étant pas assez sage pour veiller seulement à l'indépendance et à

______

(1) Pour se convaincre de cette vérité, il ne faut que lire l'ouvrage de M. Labaume, sur la *Campagne de Russie.*

(2) Comment Buonaparte n'a-t-il pas été assez sage pour profiter de l'entrevue qu'il eut avec l'empereur Alexandre, à Erfurt, le 27 septembre 1808?

la conservation de son vaste Empire, il envahit celui d'un puissant Monarque ; il menaça tous les Etats de l'Europe, et força tous les souverains à faire un pacte qui pût détruire la puissance de celui qui les avait humiliés et qui voulait les rendre ses tributaires.

Tout a un terme. La Providence, qui gouverne tout et qui fixe la durée des Empires, veille aux destinées de la France (1). En effet, qui pourrait méconnaître sa volonté dans les évènemens derniers ? Déjà le ciel irrité de l'audace de Buonaparte, le frappa au sein de ses triomphes ; ses armes redoutables l'avaient

____

(1) Balsac a dit (chapitre du Socrate chrétien, page 159, édition de Paris de 1807) : « Il y a des hommes « dont la vie a été pleine de miracles, quoiqu'ils ne « fussent pas saints et qu'ils n'eussent pas dessein de « l'être : le ciel bénissait toutes leurs fautes ; le ciel cou- « ronnait toutes leurs folies : il devait périr cet homme « fatal !.... il devait périr le premier jour de sa conduite « par une telle entreprise ; mais Dieu voulut se servir « de lui pour punir le genre humain et tourmenter le « monde : la justice de Dieu voulait se venger, et avait « choisi cet homme pour être le ministre de sa ven- « geance : il n'y a rien que de divin dans les maladies « qui travaillent les Etats..... Ces grandes pièces qui se « jouent sur la terre ont été composées dans le ciel : « Dieu est le poëte, et les hommes sont les acteurs. » (*Extrait des Pensées de Balsac*, par M. Mersan, ouvrage qui a paru un moment en 1807.)

conduit à Moscou ; mais la foudre céleste l'atteignit, et trois nuits du mois de novembre 1808 suffirent pour détruire de nombreuses phalanges, victorieuses, sans doute, mais victimes de l'ambition du chef qui les commandait.

De cette catastrophe, cependant, découlent tous les évènemens qui se sont suivis avec tant de rapidité ; ainsi, frappé par la Divinité, Buonaparte fut bientôt abandonné par les hommes : ses alliés employèrent contre lui les armes qui devaient le protéger et le soutenir (1). Forcé de faire à son peuple des demandes énormes en hommes et en argent, il indisposa contre lui ses propres sujets, et *l'opinion* publique se manifesta hautement contre le système de guerre. Cependant l'orgueil national fit de nouveaux efforts, et remit encore le chef de l'Etat dans la possibilité d'entrer de nouveau en campagne. Alors on vit, dans les premiers mois de 1813, de nombreux convois de vivres et munitions de guerre destinés à alimenter une nouvelle armée qui se dirigea vers l'Allemagne.

De nouvelles phalanges, peu exercées dans l'art de la guerre, firent des prodiges de va-

____

(1) On se rappelle qu'à la fin de 1792 les drapeaux de Buonaparte furent abandonnés par une partie de l'armée prussienne aux ordres du général Yorck.

leur aux batailles de *Lutzen* et de *Bautzen* ; et on se persuada que ce fut encore un beau moment de proposer ou d'accepter la paix. Qui fut donc alors le moteur de la continuation de la guerre? C'est ce que nous ne savons pas; mais, d'après le caractère connu de Buonaparte, on a lieu de penser que ce fut lui qui ne voulut faire aucuns sacrifices. On croit qu'il regarda sa gloire flétrie, en rendant des possessions qu'il ne pouvait plus garder; et loin de calculer les forces immenses qui l'entouraient, loin de jeter un regard sur l'esprit des puissances qui le craignaient et le haïssaient, loin d'écouter les conseils des braves qui se sacrifiaient pour lui, loin enfin d'avoir quelque considération pour ses peuples qui l'avaient porté à la dignité suprême, il crut ses ressources inépuisables, il fut opiniâtrement décidé à ne céder ni à la force ni à la raison ; et réduit à lever ses peuples *en masse* pour défendre le territoire de son Empire et sa propre personne, il perdit le peu de crédit qu'il avait encore dans le cœur des hommes qui lui avaient été dévoués. Ce fut alors que des puissances réunies formèrent des colonnes de troupes assez imposantes pour tenter l'invasion du territoire français ; ce fut alors que les souverains alliés, prévenus et

soutenus par l'*opinion* des Français, jugèrent
bientôt la situation critique de celui qui s'était
annoncé *le régénérateur de l'univers* (1).

A peine les souverains alliés eurent-ils mis
le pied sur le territoire français, qu'ils furent
entourés de tous ceux qui avaient quelques
sujets de plaintes contre le chef de l'Etat :
ceux qui nourrissaient dans leur ame un pur
attachement à la famille des Bourbons, arbo-
rèrent les signes de la royauté ; bientôt les sar-
casmes, les pamphlets et les placards annon-
cèrent le mécontentement du peuple contre
celui qui les gouvernait. Bientôt on vit une
idée de l'esprit des hommes en place qui vou-
laient un nouvel ordre de choses ; bientôt
on vit un choc d'*opinions* parmi les Français,
et bientôt on vit éclore les germes de la guerre
civile au sein de l'Empire ; mais plusieurs
centaines de milliers de baïonnettes, ap-
puyant l'*opinion* des ennemis de Buonaparte,
réduisirent bientôt au silence le peu de partisans qui lui restait, et les alliés arrivèrent sous
les murs de la capitale.

Dans cet état de choses, la ville de Paris
était en proie à la plus cruelle incertitude ; on

____

(1) On assure que Buonaparte a dit : *Avant trois ans,
je veux que ma dynastie soit la plus ancienne de celles
de l'Europe.*

avait eu l'adresse d'insinuer aux habitans que tous les regards de l'ennemi étaient fixés sur Paris ; que Paris devait payer toutes les fautes commises depuis vingt-cinq ans ; que l'incendie et le pillage étaient les moindres fléaux qu'elle devait éprouver. Le chef de l'Etat était à plus de cinquante lieues de sa capitale, et paraissait ne pouvoir venir à son secours ; des hommes qui devaient lui être entièrement dévoués, soit par les liens du sang , soit par les bienfaits qu'ils avaient reçu de lui, avaient promis de défendre la ville jusqu'à la dernière extrémité ; une Princesse vertueuse tenant les rênes du gouvernement, pendant l'absence de son mari , était avec son enfant au milieu des Parisiens, et semblait être la sauve-garde de la ville et la sécurité des habitans. Mais, au moment où un placard annonce qu'il faut se préparer à défendre la ville, on prévient que l'Impératrice et son fils sont partis, et qu'ils sont en *lieu de sûreté* pour ne pas être exposés aux calamités de la guerre ; au moment où le frère du chef de l'Etat proclame qu'il reste au milieu des Parisiens pour défendre la place pendant quelques jours, et en attendant des secours qui sont certains , il se sauve lui-même, et abandonne à la merci des assiégeans des milliers d'habitans pères de famille, et peu instruits dans l'art de la guerre. Hélas ! jamais peuples furent-ils plus cruellement trompés!!!!....

Ainsi, les habitans de Paris, livrés à eux-mêmes, ayant à leurs portes des milliers de soldats aguerris, ignorant les intentions des assiégeans et les dispositions de plusieurs personnes distinguées dans le civil et le militaire qui les commandent, quittent leurs foyers, leurs femmes et leurs enfans, et vont encore donner une preuve de dévouement au gouvernement qui les a abandonné. Les forces de l'ennemi sont dix fois supérieures à celles des assiégés ; néanmoins, ceux-ci se présentent au combat qui devient long et meurtrier pendant le cours de la journée du 3o mars 1814, et ils montrent à l'ennemi ce que peuvent des hommes qui combattent pour leur indépendance et le salut de leur patrie : mais forcés de céder au nombre, les assiégés tombent dans la consternation, et bientôt ils attendent leur sort de la générosité du vainqueur, dans une capitulation proposée et acceptée par les parties respectives.

Tout-à-coup la scène change ; Paris n'est plus une ville assiégée et conquise ; elle offre la résidence de souverains alliés, qui, le 3i mars, se présentent plutôt en libérateurs qu'en conquérans, et chacun se demande : *Quel est donc le motif secret d'un changement aussi heureux ? Quoi !* dit-on, *des princes à la tête de nombreuses légions qui ont vu leurs Etats envahis, leurs villes incendiées, leurs peuples vexés, opprimés et ruinés, entrent en vainqueurs au sein de la France et de la capitale, et leur premier soin est d'offrir la paix ! Quoi ! ils poussent la magnanimité au point de punir de mort ceux de leurs soldats qui osent sortir des rangs pour se livrer au pillage !* Et chacun se demande, disons-nous : *Quel est donc le motif secret d'un changement aussi heureux ?*

Une voix s'écrie :

Le règne des Bourbons va reparaître : M. le COMTE D'ARTOIS va arriver avec le titre de lieutenant-général du royaume; LOUIS XVIII va être proclamé Roi : la paix générale va être signée.

Ces mots se répètent de bouche en bouche ; l'enthousiasme est à son comble (1). En

-----

(1) Un littérateur a dit : « La meilleure preuve qu'il y « a toujours eu un esprit public en France (et cette preuve porte à-la-fois un caractère d'évidence et de pu- blicité qui la rend décisive). « c'est qu'aussitôt qu'il a « pu se manifester, le même vœu, le même cri s'est

effet, dans l'état où se trouvait la France, quel prince devait mieux fixer le regard des Français, si ce n'est celui qui, déjà Roi par sa naissance, gémissait depuis longues années sur les maux de sa patrie.

En effet, que de motifs puissans militaient en faveur de Louis XVIII !-

1° L'esprit de justice qui devait lui rendre l'exercice naturel de la souveraineté en France;

2° Le salut de la France qui, étant envahie par de nombreuses légions, aurait eu beaucoup à souffrir, en employant la force des armes pour les repousser hors de son territoire;

3° La volonté bien prononcée du Peuple français de ne jamais recevoir un prince étranger pour le gouverner ; car, si la nation ne s'était pas séparée du chef qui la gouvernait, les alliés eussent-ils été vainqueurs de plu-

---

« fait entendre spontanément dans toutes les parties de
« la France. Ce cri de *vive le roi ! vivent les Bourbons !*
« si long-temps retenu, et qui, quelques instans aupa-
« ravant, aurait été un signal de mort, s'est échappé en
« même temps de tous les cœurs, parce que ce vœu, si
« simple, si naturel, n'était autre chose que l'expression
« de l'esprit public français ; c'est là le type véritable de
« cet esprit, puisqu'il renferme implicitement le vœu
« du rétablissement des institutions protectrices consa-
« crées par quatorze siècles, et respectées et améliorées
« par la dynastie des Bourbons. »

sieurs provinces, même de la capitale, un million d'hommes armés aurait donné de nouvelles preuves de leur dévouement national pour reconquérir l'indépendance de leur pays (1).

Pour donner une idée de cette vérité, voyons le peu de résistance que les alliés ont éprouvé dans les villes où ils sont entrés, et dans lesquelles il n'y avait pas de corps armés : presque par-tout ils ont été reçus en libérateurs ; par-tout ils ont entendu les plaintes du citadin contre la guerre, et contre une espèce d'impôt dont les vexations n'étaient pas supportables ; par-tout ils ont connu l'*opinion* du peuple contre le chef de l'Etat, qui avait mis toutes les familles en deuil, par la conti-

---

(1) L'Angleterre, qui se connaît en esprit national, a bien donné une idée de la justesse de ses vues en envoyant le lord Castlereagh en France dans le cours des derniers évènemens ; et ce ministre a bien jugé du caractère français, en disant en plein parlement (séance du 29 juin 1814) : *Il faut reconnaître que tous les résultats eussent été incomplets, s'ils n'eussent amené la restauration de l'ancienne dynastie sur le trône des Bourbons.*

M. Canning ajoute : *Cinq coalitions ont érigé Buonaparte en colosse d'Europe ; mais la folie de Buonaparte la détruit lui-même, et a fait rappeler la dynastie des Bourbons.*

nuation de la guerre ; par-tout enfin ils ont vu le désir que le peuple français avait de vivre sous les lois d'un prince pacifique et animé des intérêts de ses sujets, pour le gouvernement desquels la Providence l'avait désigné.

Ainsi, Louis XVIII, proclamé roi de France, concilie tout. D'abord les bienfaits de la paix rendent une partie des enfans à leur famille ; la paix nous préserve de la famine , et peut-être de la peste qui était à l'instant de nous atteindre : l'honneur national est conservé , puisque la France conserve le degré de puissance qu'elle avait avant les troubles qui l'ont si fortement agité. La paix , disons-nous, a arrêté l'effusion du sang qui aurait coulé à flots, si la France eût eté obligée d'employer tous ses moyens pour repousser les alliés hors de son territoire ; la paix , enfin , assure aux alliés tous les honneurs du succès de leur entreprise , qui établit la tranquillité et le bonheur de l'univers.

Si tous ces bienfaits de la Providence sont dus à l'existence de Louis XVIII sur le trône de France, combien les Français doivent-ils l'entourer de leur amour, de leur respect et de leur fidélité ! Combien aussi ce Monarque *désiré* doit-il être lui-même satisfait de l'enthousiasme avec lequel les Français de toutes classes l'ont accueilli! Quelle jouissance dut-il éprouver en entrant dans cette capitale, couverte de monumens construits, réparés et embellis par le courage de ses sujets! Ce n'est pas une patrie déserte et dévastée que lui offre l'amour des Français; il ne voit que de riches contrées, de beaux palais, et il ne trouve que des sujets fidèles et soumis; s'il est obligé de céder quelques provinces conquises par la force des armes, il a la consolation de rendre à leur pays natal, des sujets qui, n'étant pas nés Français, ne pouvaient en aimer ni les usages ni les lois.

Mais si, depuis plus de vingt-cinq ans, nous avons été plus ou moins tourmentés, suivant la volonté de ceux qui nous ont gouverné, jetons les yeux sur l'Histoire de France, nous verrons que, depuis l'année 987 jusqu'en 1792 (805 ans), trente - deux Rois de la famille des Bourbons ont gouverné la France avec autant de sagesse et de gloire que de justice.

Si, ensuite, on se demande pourquoi il y a eu un interrègne de *ving-un ans, sept mois et vingt-deux jours* (1), on s'accusera réciproquement : d'abord ceux qui, en 1787, 1788 et 1789 étaient si puissans, ont à se reprocher de

____

(1) Depuis le 10 août 1792 jusqu'au 2 avril 1814.

n'avoir pas secondé le meilleur des Rois dans ses vues bienfaisantes, lorsqu'il les avait appelés autour de lui *pour l'aider de leurs conseils* (1). Les uns ont eu à se repentir d'avoir quitté leur patrie, et d'avoir abandonné leur souverain à la fureur des partis : les autres, souillés de crimes, doivent rougir de leur existence, et ne devraient paraître sur la terre que pour expier les fautes dont ils se sont rendus coupables ; d'autres enfin (et c'est le plus grand nombre) ont à gémir de leur pusillanimité, en laissant une poignée de scélérats élever des échafauds pour détruire l'ordre social, en les laissant annoncer et propager des principes qui ont bouleversé l'Europe, et qui ont fait le malheur de la génération.

Mais si réellement nous sommes tous coupables, suivons donc l'exemple du Monarque qui nous gouverne aujourd'hui : *oublions le passé*, et trouvons-nous heureux de revivre sous la loi des Bourbons.

Si telle doit être l'*opinion* générale des Français, voyons celle qu'on doit avoir pour la personne de Louis XVIII.

Combien d'hommes encore existans ont connu les vertus personnelles de Monsieur,

---

(1) Propres paroles de Louis XVI aux notables et aux états-généraux.

comte de Provence (1)? De quelle félicité ont joui ceux qui ont été à son service pendant de longues années ? Quel doit être l'espoir des Français, quand ce prince, devenu Roi, les appelle *ses enfans?* quand il est aidé dans les pénibles fonctions royales par un prince de son sang, dont la bonté du cœur est connue ; quand il est entouré d'une princesse qui a tant de droits à l'amour des Français, et par des princes disposés à seconder les vues paternelles du Roi et celles de leur auguste père pour la tranquillité et le bonheur de la nation.

Mais qui pourrait douter des intentions du Roi ? Déjà ne connaît-on pas sa sollicitude pour que l'honneur national ne fût pas blessé dans le moment critique où le destin avait jeté la France par des revers auxquels on ne devait jamais s'attendre? Déjà ne sait-on pas que c'est par ses soins que ce territoire, pour l'intégrité duquel on se bat depuis plus de vingt ans, n'a été ni divisé, ni partagé par des puissances qui n'avaient qu'à se plaindre et à se venger ? N'est-ce pas sur la demande du Roi,

____

(1) Un vieux proverbe a dit : *Les yeux sont le miroir de l'ame :* or, il ne faut que voir Louis XVIII pour être pénétré d'admiration et d'amour pour lui ; car sa figure nous peint la sincérité de son ame pour le bonheur des Français.

et par considération pour sa personne, que ces mêmes puissances n'ont pas usé de représailles des maux qu'on leur a fait éprouver depuis longues années? Déjà, enfin, n'avons-nous pas la preuve des économies que le Roi se propose d'apporter dans toutes les branches d'administration , à l'effet de diminuer les impôts qui pèsent sur la classe de ses sujets (1)? Mais, je le répète, la Providence veille aux destinées de la France ; elle lui a rendu son Souverain légitime pour la tirer d'une guerre interminable , et pour la sauver des fureurs de l'anarchie.

Il ne faut qu'être Français et aimer sa patrie pour sentir et profiter de ce bienfait inappréciable; faisons donc des vœux pour que la raison en impose à toutes les passions : regardons toute espèce de partis comme un aliment nuisible à la tranquillité et au bonheur du Monarque; ne proscrivons personne, mais n'ayons qu'une confiance bien limitée dans ces hommes qui briguent l'honneur de servir le souverain, quel qu'il soit ; qui rampent à ses pieds en raison des charges et dignités qu'ils

____

(1) *Voyez* le budjet des finances pour 1814 et 1815 , présenté par le ministre à la chambre des députés. Mais il faut convenir que ce n'est qu'avec le temps qu'on peut cicatriser les plaies de l'Etat.

obtiennent ; qui ordinairement se jouent de leurs sermens ; qui aujourd'hui jurent d'avoir gémi sur le sort des princes victimes de la tyrannie ; qui encombrent les antichambres pour obtenir faveurs, grâces ou emplois ; qui, enfin, ne savent être que courtisans, faux, cupides, pusillanimes ou tyrans, suivant les circonstances et leur intérêt particulier : fuyons, dis-je, ces hommes qui enfantent les révolutions, qui forment les partis, dirigent l'*opinion* de la multitude par des discours fallacieux, qui arment les peuples, qui, ensuite dédaignent et oppriment ceux qui, par leur crédulité et leur courage, les ont porté au faîte des grandeurs ; enfin terminons, et disons :

Si depuis vingt ans l'expérience nous a donné la preuve de telles vérités ; si trop long-temps le vaisseau de l'Etat a navigué sur une mer orageuse ; et si, par différens effets, plus ou moins nuisibles aux intérêts du Peuple français, le bâtiment est arrivé au port, jetons l'ancre, et prouvons, par notre soumission aux lois, que nous sommes dignes d'être gouvernés par la SAGESSE et la RAISON.

FIN.